BOO

Text ⓒ 2011 by J.H. Lee

All rights reserved.
First published in English by Chronicle Books LLC, San Francisco

Designed by Suzanne LaGasa
Photographed by Gretchen LeMaistre

Korean translation copyright ⓒ Chung ha publishers, Inc.

BOO
세상에서 가장 귀여운 강아지의 하루

저자_ J. H. Lee
사진작가_ 그레첸 리마이스터
역자_ 하린

1판 1쇄 발행 2012년 5월 3일

발행처_ 청하
발행인_ 박진호

서울시 마포구 용강동 117−3 월명빌딩 3층 128−91
전화번호 02−3211−7877 팩스 02−3211−7875 이메일 chp21@korea.com

값은 뒤표지에 있습니다.
ISBN 978− 89−403−0220−0 03690

THE **LIFE** OF THE
WORLD'S CUTEST DOG

세상에서 가장 귀여운
강아지의 하루

글 J. H. Lee
사진 그레첸 리마이스터Gretchen LeMaistre

안녕하세요? 제 이름은 '부'예요.
지금부터 저의 하루를 소개할게요.

Hello, my name is Boo. This is my life.

저는 집 안 구석구석 돌아다니기를 좋아해요.

I like to lounge around the house.

단짝 친구 버디를 찾아서요.

I find my best friend Buddy.

오늘 하루를 어떻게 보낼지 가족회의를 해요.

We have family time to discuss our plans.

숨바꼭질 놀이를 하기로 했어요.

We play hide—and—seek.

하지만 썩 잘하지는 못한답니다.

But I'm not very good at it.

저는 아늑한 곳에 숨는 것을 좋아해요.

I love getting into snug spaces.

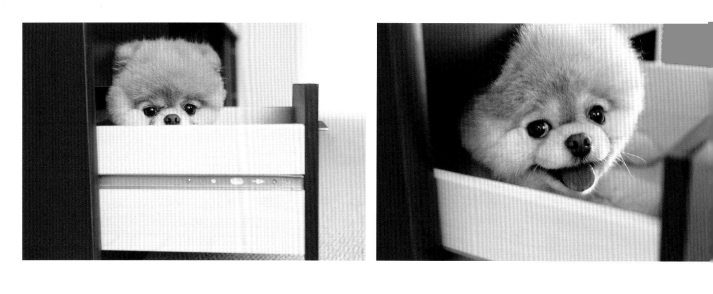

까꿍!
Peekaboo!

날마다 무슨 옷을 입어야 할지 고민해요.

Everyday, I make important wardrobe decisions.

편안한 옷을 입어야 할지

Casual pub

화려한 옷을 입어야 할지

Glam pub

세련된 옷을 입어야 할지

Urban pub

단정한 옷을 입어야 할지

Preppy pub

원숭이 옷을 입어야 할지

Monkey pub

운동복을 입어야 할지.

Sporty pub

산책할 때의 옷차림이에요.

This is my outdoor walking outfit.

때로는 옷을 벗어 던지고 밖으로 뛰쳐나가죠!

Sometimes I escape the walking outfit, and I take off!

홀딱 벗고 잔디밭에 들어갔어요.

This is my naked-in-the-grass look.

달리기 편한 옷을 입기도 해요.

I also sport my running suit.

달릴 생각이 전혀 없을 때도요.

Even when I don't plan on runnning.

야생에서는 위장을 해야 하죠.

Camouflage comes in handy when I'm out in the wild.

책을 읽으며 마음을
다스리기도 한답니다.

I wind down with a little mental exercise.

그리고 버디와 함께 시간을 보내죠.

And I hang out with Buddy.

배고플 땐 이렇게 말할 줄도 알아요. "밥 주세요."

When it's time to eat, I know to say please.

"고맙습니다."라는 말도 잊지 않죠.

And thank you.

후식도 빼놓을 수 없죠.

Treats always follow.

냠냠!

Yum!

빈 그릇 앞에서 미소 짓는 것보다 더 좋은 말은 없지만요.

Nothing says "I'm hungry" like smiling by an empty bowl.

마지막에는 가장 아끼는 컵으로
홀짝홀짝 물을 마셔요.

Meal time ends with a drink from my favorite mug.

밥을 먹고 나면 꼭 잠을 자요. 여기가 제 보금자리예요.

Eating is obviously followed by sleeping. This is where I hibernate.

낮잠을 자는 곳은
따로 있지요.

And this is where I nap.

버디는 비집고 들어오길 좋아해요.

Buddy likes to sneak in.

때로는 낮잠도 우아하게!

Sometimes I nap in style.

새로 빤 옷은 낮잠용 담요로 그만이죠.

Fresh laundry makes a great nap-time blanket.

포근한 담요로 몸을 칭칭 감는 게 최고예요.

Blanket burritos are the best.

생일이면 특별한 선물을 받는답니다.

Oh my birthday I get special presents.

그리고 즐거운 놀이가 시작되죠!

Then we play!

감쪽같이 숨었죠?

Cutie camouflage.

저는 어디 있을까요?
Can you spot me?

제 머리가 제일 크네요.

I would be the one with the giant head.

버디와 함께 놀다가
Buddy and I play together.

우리가 제일 잘하는 것을 또 해요.
낮잠 자기죠!

Then we do more of what we do best: nap!

가끔은 수영장에서 따뜻한 햇볕을 쬐기도 해요.

Sometimes I soak in the sun by the pool.

햇볕에 몸을 곱게 그을리는 중이랍니다.
I work on my tan.

이제 집에 돌아갈 시간이에요.

Time to head back home.

제 모습을 꼼꼼히 살펴보고 있어요.

Checking myself out.

세면대 역시 아늑한 곳이죠.
The sink is another nice snug spot.

저는 가벼운 장난도 칠 줄 알아요.

I can be a little naughty.

목욕할 시간인가요?
Bath time?

목욕이 그다지 즐겁지는 않답니다.

Bathing is not one of the highlights of my day.

목욕할 땐 비켜 줘야 한다는 걸
오리 이 녀석은 모르나 봐요.

Duckie doesn't understand personal space.

별로 보기 좋은 모습은 아니네요.

This is not a good look for me.

긴 하루가 지나고, 제가 제일 좋아하는 시간이
다시 찾아왔어요. 잠잘 시간이죠!

After a long day, it's time for my favorite thing again: sleep!

버디가 제 자리를 빼앗으려고 해요.

Buddy tries to get on my side of the bed.

하지만 우리는 함께하는 것이
서로에게 가장 좋다는 것을 깨닫죠.

But we find that this way usually works best.

졸음이 몰려오면
이불 속으로 파고들어요.

I get sleepy eyes and snuggle into the covers.

안녕!

Good night!

잘 자요!

Sleep tight!

가장 친한 친구 버디한테 이 책을 바쳐요.
늘 제 편에서 저를 이끌어 주어 고마워요.

특이한 머리를 한 철없는 강아지를 사랑해 주시는
페이스북 팬 여러분도 진심으로 감사드려요.
제 이야기를 재미있게 보셨으면 좋겠어요!

I dedicate this book to my best friend Buddy.
Thank you for always being by my side and giving me a lead to follow.

I'd also like to thank my many facebook fans
for loving a silly dog with a funny haircut.
I hope you enjoyed my story!